AF220390

Impressum
Verlag: BABADADA GmbH, Nedderfeld 112 , 22529 Hamburg
Geschäftsführer / Verlagsleitung: Harald Hof
Druck: Books on Demand GmbH, In de Tarpen 42, 22848 Norderstedt

Imprint
Publisher: BABADADA GmbH, Nedderfeld 112 , 22529 Hamburg, Germany
Managing Director / Publishing direction: Harald Hof
Print: Books on Demand GmbH, In de Tarpen 42, 22848 Norderstedt, Germany

المدرسة

школа

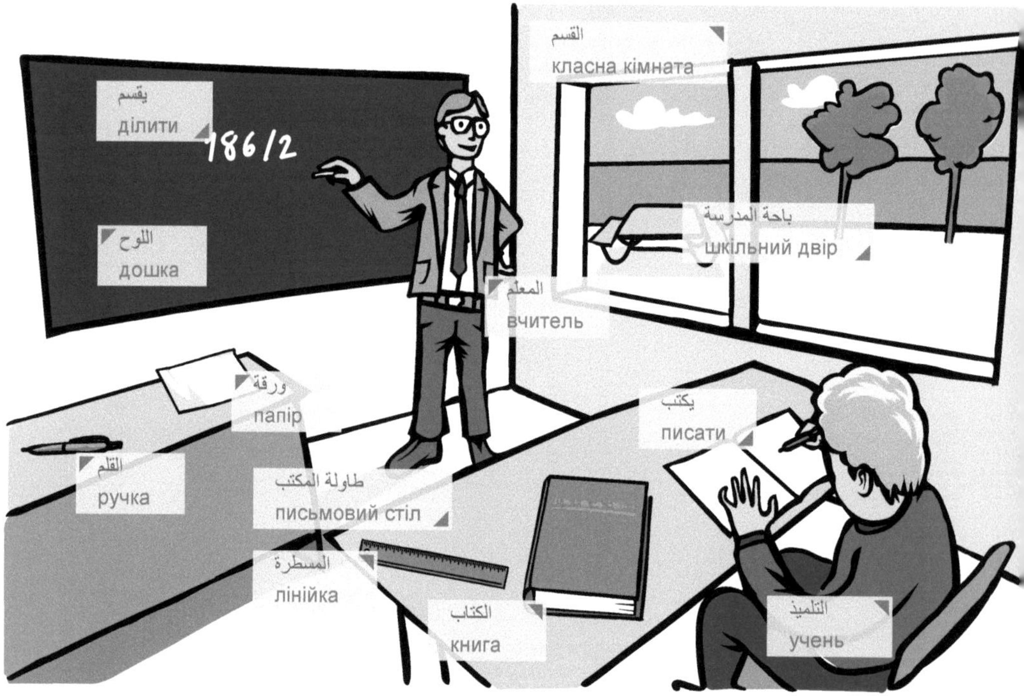

القسم
класна кімната
يقسم
ділити
186/2
اللوح
дошка
باحة المدرسة
шкільний двір
المعلم
вчитель
ورقة
папір
يكتب
писати
القلم
ручка
طاولة المكتب
письмовий стіл
المسطرة
лінійка
الكتاب
книга
التلميذ
учень

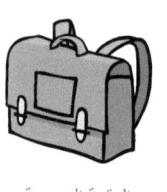

الحقيبة المدرسية

ранець

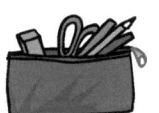

المقلمة

пенал

قلم الرصاص

олівець

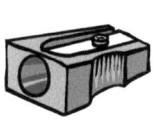

البرّاية

точило

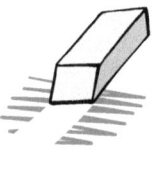

الممحاة

гумка

دفتر الرسم

альбом для малювання

الرسمة

малюнок

الفرشاة

пензель

علبة التلوين

коробка фарб

المقص

ножиці

المادة اللاصقة

клей

دفتر التمارين

зошит

الواجب المدرسي

домашнє завдання

12

الرقم

число

2+2

يجمع

додавати

5-2

يطرح

віднімати

2×2

يضرب

множити

يحسب

рахувати

A

الحرف

літера

ABCDEFG HIJKLMN OPQRSTU VWXYZ

الأبجدية

абетка

hello

كلمة

слово

النص

текст

يقرأ

читати

الطبشور

крейда

الحصة

година

دفتر الدوام المدرسي

класний журнал

الامتحان

екзамен

شهادة

диплом

اللباس المدرسي

шкільна форма

التعليم

освіта

الموسوعة

лексикон

الجامعة

університет

المجهر

мікроскоп

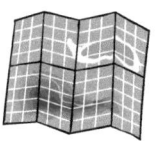

الخريطة

карта

قماما

кошик для паперу

سفر

подорож

فندق
готель
Grand
بيت الشباب
турбаза
ROOMS
EXCHANGE
مكتب صرافة
обмінний пункт
حقيبة
валіза
سيارة
автомобіль

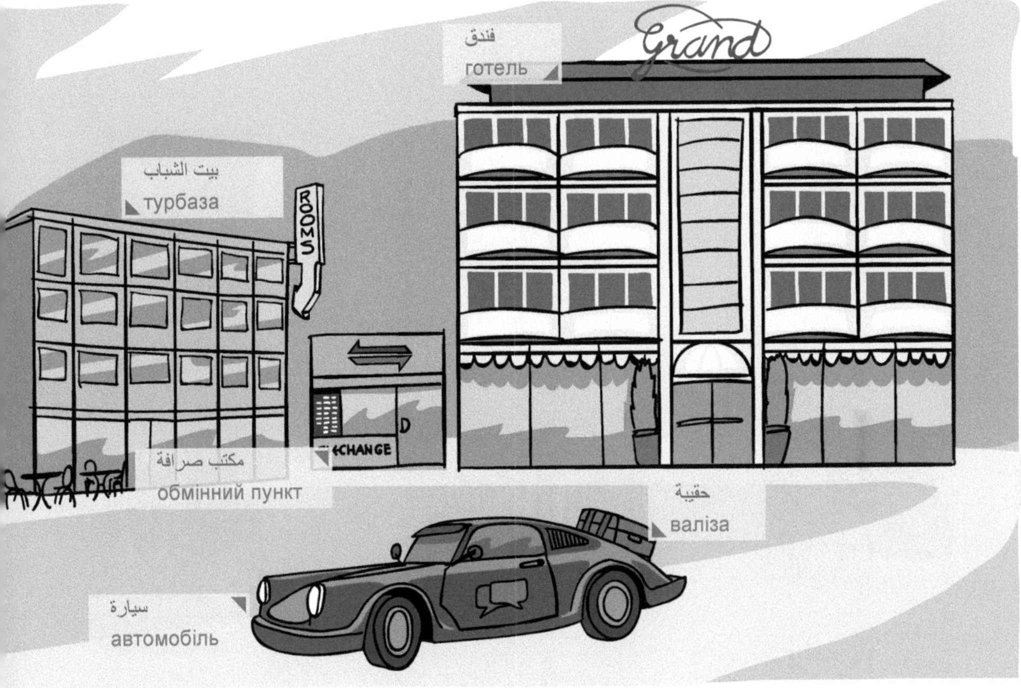

اللغة

мова

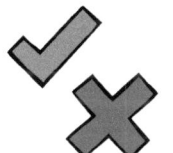

نعم / لا

так / ні

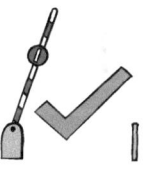

حسناً

добре

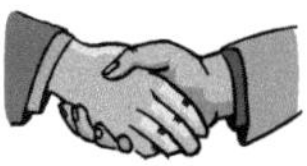

مرحباً

привіт

مترجم

перекладач

شكراً

дякую

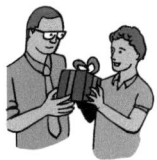

كم ثمن ...؟

Скільки коштує ...?

لا أفهم

Я не розумію

مشكلة

проблема

مساء الخير

Добрий вечір!

صباح الخير!

Доброго ранку!

ليلة سعيدة

На добраніч!

إلى اللقاء

До побачення

اتجاه

напрямок

أمتعة السفر

багаж

حقيبة

сумка

حقيبة ظهر

рюкзак

ضيف

гість

غرفة

кімната

كيس للنوم

спальний мішок

خيمة

намет

استعلامات سياحية

туристична інформація

شاطئ

пляж

بطاقة ائتمان

кредитна картка

إفطار

сніданок

طعام الغداء

обід

العشاء

вечеря

بطاقة سفر

квиток

مصعد

ліфт

طابع بريدي

поштова марка

حدود

межа

الجمارك

митниця

سفارة

посольство

تأشيرة

віза

جواز سفر

паспорт

транспорт

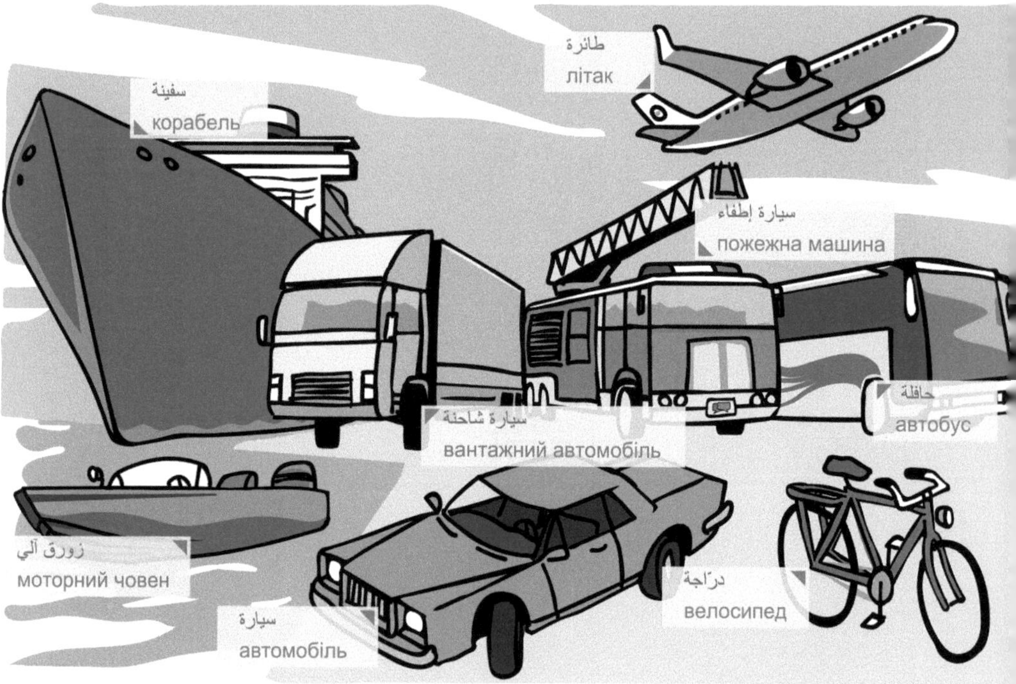

طائرة
літак

سفينة
корабель

سيارة إطفاء
пожежна машина

حافلة
автобус

سيارة شاحنة
вантажний автомобіль

زورق آلي
моторний човен

سيارة
автомобіль

دراجة
велосипед

عبارة
паром

قارب
човен

دراجة نارية
мотоцикл

سيارة شرطة
поліцейська машина

سيارة سباق
гоночний автомобіль

سيارة مستأجرة
автомобіль на прокат

أسلوب تشاركي في استئجار السيارات

....

спільне користування авто

سيارة للجر

....

евакуатор

سيارة نقل القمامة

....

сміттєвоз

محرك

....

двигун

وقود

....

паливо

محطة وقود

....

автозаправна станція

إشارة مرور

....

дорожній знак

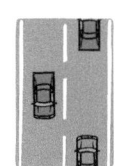

حركة السير

....

рух

ازدحام سير

....

затор

موقف سيارات

....

стоянка

محطة قطار

....

вокзал

سكك حديدية

....

рейки

قطار

....

потяг

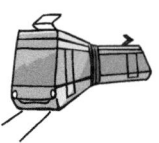

ترام

....

трамвай

عربة قطار

....

вагон

طائرة مروحية
....
гелікоптер

مطار
....
аеропорт

برج
....
вежа

مسافر
....
пасажир

حاوية
....
контейнер

علبة كرتون
....
коробка

عربة يد
....
візок

سلة
....
кошик

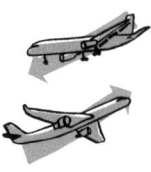

يقلع / يهبط
....
стартувати / приземлятися

مدينة

МІСТО

قرية
....
село

مركز المدينة
....
центр міста

بيت
....
дім

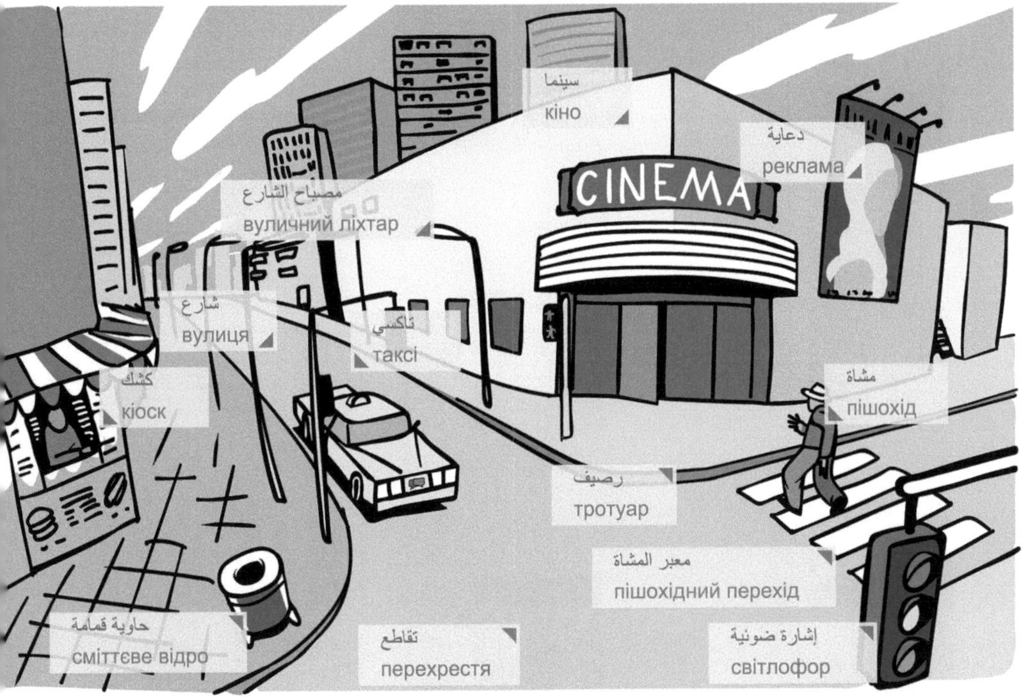

CINEMA
سينما
кіно
دعاية
реклама
مصباح الشارع
вуличний ліхтар
شارع
вулиця
تاكسي
таксі
كشك
кіоск
مشاة
пішохід
رصيف
тротуар
معبر المشاة
пішохідний перехід
حاوية قمامة
сміттєве відро
تقاطع
перехрестя
إشارة ضوئية
світлофор

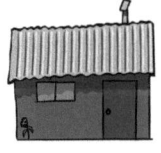

كوخ

хатина

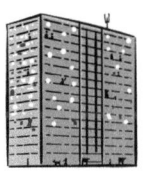

شقة

квартира

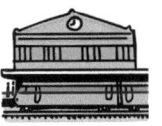

محطة قطار

вокзал

دار البلدية

ратуша

MUSEUM

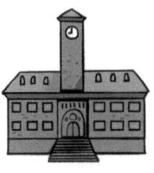

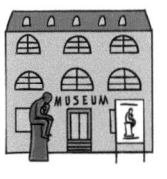

متحف

музей

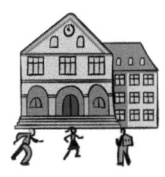

المدرسة

школа

الجامعة

університет

مصرف

банк

المستشفى

лікарня

فندق

готель

صيدلية

аптека

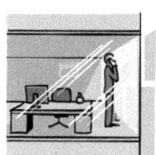

مكتب

офіс

مكتبة

книжковий магазин

متجر

магазин

محل لبيع الزهور

квітковий магазин

سوبرماركت

супермаркет

سوق

ринок

متجر كبير

універмаг

تاجر السمك

торговець рибою

مركز تسوّق

торговельний центр

ميناء

гавань

حديقة عامة
....
парк

مقعد
....
лава

جسر
....
міст

درج، سلم
....
сходи

مترو
....
метро

نفق
....
тунель

موقف حافلات
....
автобусна зупинка

بار
....
бар

مطعم
....
ресторан

صندوق البريد
....
поштова скринька

لافتة باسم الشارع
....
вулична табличка

مقياس زمن الوقوف
....
лічильник паркування

حديقّة حيوانات
....
зоопарк

مسبح
....
басейн

مسجد
....
мечеть

مزرعة

ферма

تلوث البيئة

забруднення навколишнього середовища

مقبرة

кладовище

كنيسة

церква

ملعب الأطفال

дитячий майданчик

معبد

храм

طبيعة ريفية

ландшафт

ورقة
листок

علامة إرشاد
вказівний стовп

طريق
шлях

مرج
луг

حجر
камінь

شجرة
дерево

رحالة
мандрівник

نهر
річка

عشب
трава

زهرة
квітка

وادٍ

долина

جبل

гора

بحيرة

озеро

غابة

ліс

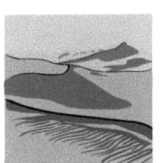

صحراء

пустеля

بركان

вулкан

قلعة

замок

قوس قزح

веселка

فطر

гриб

نخلة

пальма

بعوض

комар

ذبابة

муха

نملة

мурашка

نحلة

бджола

عنكبوت

павук

خنفساء

жук

ضفدعة

жаба

سنجاب

вивірка

قنفذ

їжак

أرنب

заєць

بومة

сова

عصفور

птах

بجعة

лебідь

خنزير برّي

кабан

غزال

олень

إلكة

лось

سد

гребля

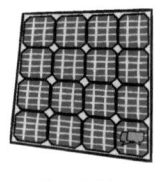

دولاب الطاحونة الهوائية

вітряк

سنجاب

сонячний модуль

(خلية شمسية)

сонячний модуль

مناخ

клімат

طبيعة ريفية - ландшафт

مطعم

ресторан

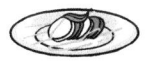

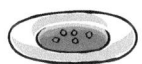

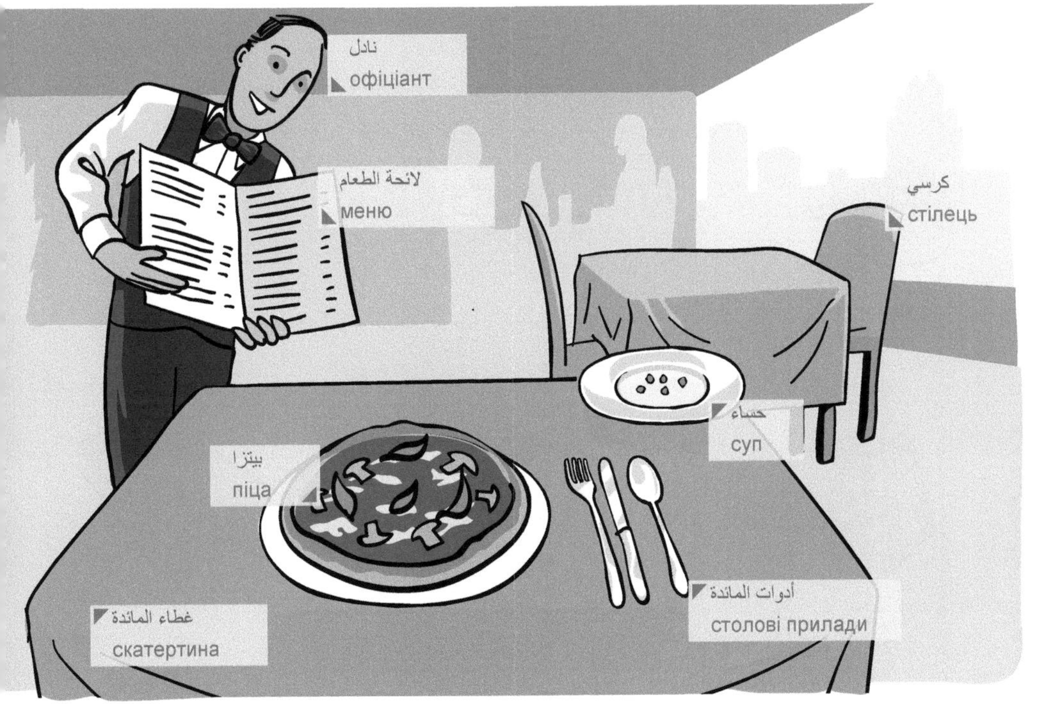

نادل
офіціант
لائحة الطعام
меню
كرسي
стілець
حساء
суп
بيتزا
піца
أدوات المائدة
столові прилади
غطاء المائدة
скатертина

مقبلات

закуска

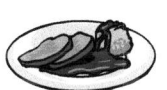

الصحن الرئيسي

друга страва

حلوى أو فاكهة بعد الطعام

десерт

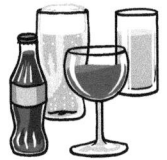

مشروبات

напої

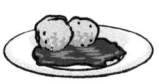

طعام

їжа

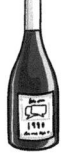

زجاجة

пляшка

وجبات سريعة

фаст-фуд

طعام الشارع

вулична їжа

إبريق الشاي

чайник

علبة السكر

цукорниця

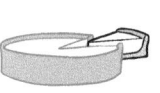

حصّة

порція

آلة الإسبريسو

еспресо-машина

كرسي عالٍ

високий стільчик

فاتورة

рахунок

صينية

піднос

سكين

ніж

شوكة

вилка

ملعقة

ложка

ملعقة الشاي

чайна ложка

منديل المائدة

серветка

كأس

склянка

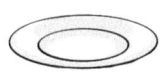

صحن

тарілка

صحن الحساء

тарілка для супу

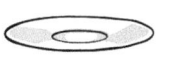

صحن الفنجان

блюдце

صلصة

соус

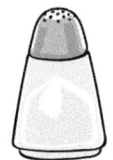

مملحة

солонка

مطحنة الفلفل

млин для перцю

خلّ

оцет

زيت الطعام

масло

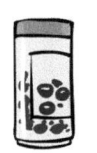

توابل

спеції

كتشاب

кетчуп

خردل

гірчиця

مايونيز

майонез

مطعم - ресторан

سوبرماركت

супермаркет

عرض خاص
пропозиція
FOR
زبون
клієнт
مشتقات الحليب
молочні продукти
فواكه
фрукти
عربة تَسوّق
візок для покупок

BUTCHERS

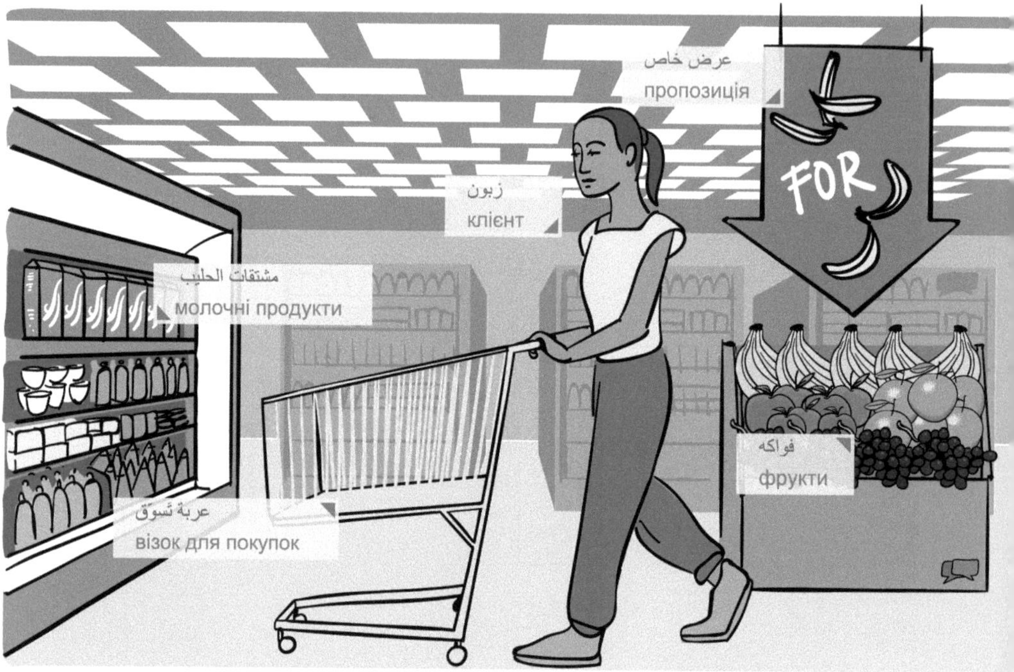

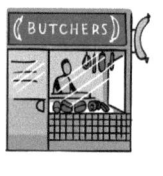

جزّار

м'ясний магазин

BAKERY

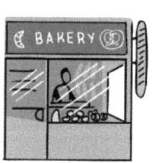

مخبز

пекарня

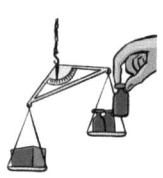

يزن

зважувати

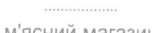

خضار

овочі

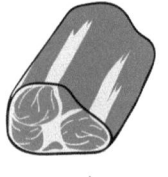

لحم

м'ясо

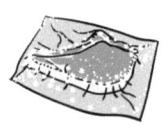

المأكولات المجمّدة

заморожені продукти

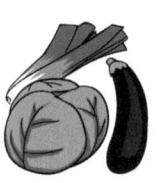

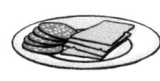

مرتدلا أو جين

ковбасна нарізка

معلبات

консерви

مسحوق الغسيل

пральний порошок

حلويات

солодощи

المواد المنزلية

предмети домашнього побуту

منظفات

мийний засіб

بائعة

продавщиця

صندوق الحساب

каса

أمين صندوق

касир

قائمة المشتريات

список покупок

أوقات العمل

часи роботи

محفظة النقود

гаманець

بطاقة ائتمان

кредитна картка

حقيبة

сумка

كيس بلاستيكي

поліетиленовий пакет

ماء

вода

عصير

сік

حليب

молоко

كولا

кола

نبيذ

вино

بيرة

пиво

كحول

алкоголь

كاكاو

какао

شاي

чай

قهوة

кава

قهوة إسبريسو

еспресо

كابوتشينو

капучіно

موزة

банан

تفاح

яблуко

برتقال

апельсин

بطيخ

кавун

ليمون

лимон

جزرة

морква

ثوم

часник

خيزران

бамбук

بصل

цибуля

فطر

гриб

لوزيات

горішки

شعيرية

локшина

سباغيتي

спагеті

أرزّ

рис

سلطة

салат

بطاطا مقلية

картопля фрі

بطاطا مقلية

смажена картопля

بيتزا

піца

هامبورغر

гамбургер

ساندويش

бутерброд

شريحة لحم مقلية

шніцель

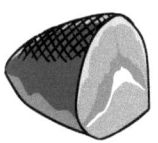

لحم خنزير

шинка

سلامي

салямі

سجق

ковбаса

دجاج

курка

لحم محمّر

печеня

سمك

риба

دقيق الشوفان

вівсяні пластівці

موسلي

мюслі

كورن فلكس

кукурудзяні пластівці

طحين

борошно

كرواسان

круасан

خبز صغير

булочка

خبز

хліб

خبز محمص

тостовий хліб

بسكويت

печиво

زبدة

масло

لبن زبادي

сир

كعكة

пиріг

بيضة

яйце

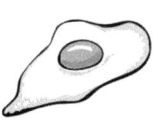

بيض مقلي

яєчня

جبنة

сир

مثلّجات

морозиво

سكر

цукор

عسل

мед

مربّى الفاكهة

мармелад

كريم النوغا

нуга-крем

الكاري

карі

طعام - їжа

مزرعة

ферма

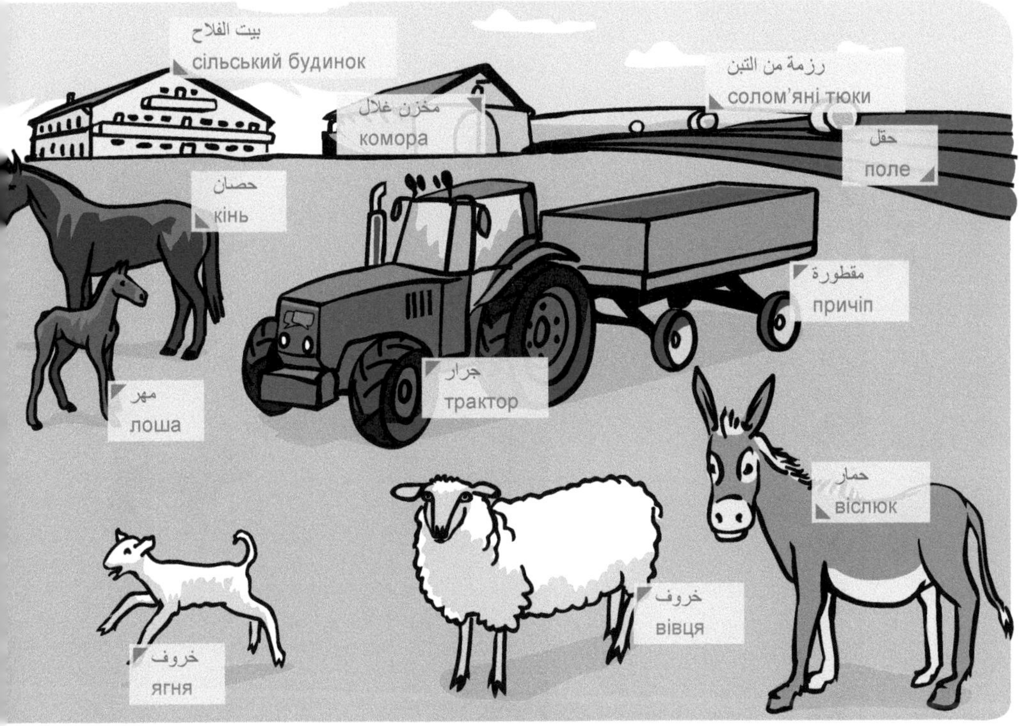

بيت الفلاح
сільський будинок
مخزن غلال
комора
رزمة من التبن
солом'яні тюки
حقل
поле
حصان
кінь
مقطورة
причіп
مهر
лоша
جرار
трактор
حمار
віслюк
خروف
вівця
خروف
ягня

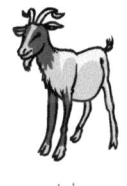

ماعز

коза

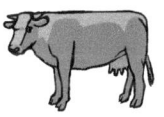

بقرة

корова

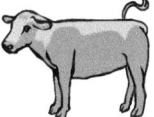

عجل

теля

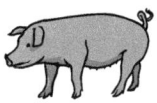

خنزير

свиня

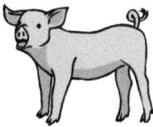

خنزير صغير

порося

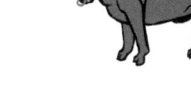

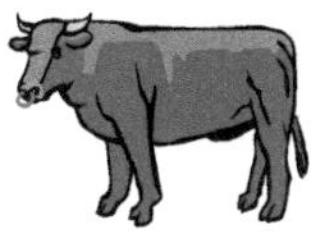

ثور

бик

إِوَزَّة

гусак

بطة

качка

صوص

курча

دجاجة

курка

ديك

півень

جرذ

щур

قِطَّة

кіт

فأر

миша

ثَور

віл

كلب

собака

كوخ الكلب

собача будка

خرطوم الحديقة

садовий шланг

إبرِيق

лійка

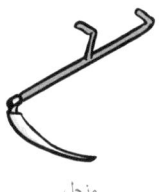

منجل

коса

المحراث

плуг

منجل

серп

معزقة

мотика

مذراة الزبل

вила

بلطة

сокира

عربة يد

тачка

معلف

корито

صفيحة الحليب

бідон молока

كيس

мішок

سياج

паркан

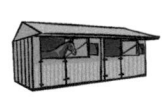

اصطبل

хлів

دفينة

теплиця

تربة

ґрунт

بذور

насіння

سماد

добриво

حصّادة درّاسة

комбайн

يحصد

пожинати

محصول

урожай

بطاطا يامس

корінь ямсу

قمح

пшениця

صويا

соя

بطاطا

картопля

ذرة

кукурудза

سلجم

ріпак

شجرة فاكهة

плодове дерево

نبات منيهوت

маніок

الحبوب

злаки

مدخنة
димохід

سقف
дах

مزراب
водостічний лоток

نافذة
вікно

مزراب
гараж

جرس الباب
дзвінок

باب
двері

قمامة
відро для сміття

صندوق البريد
поштова скринька

حديقة
сад

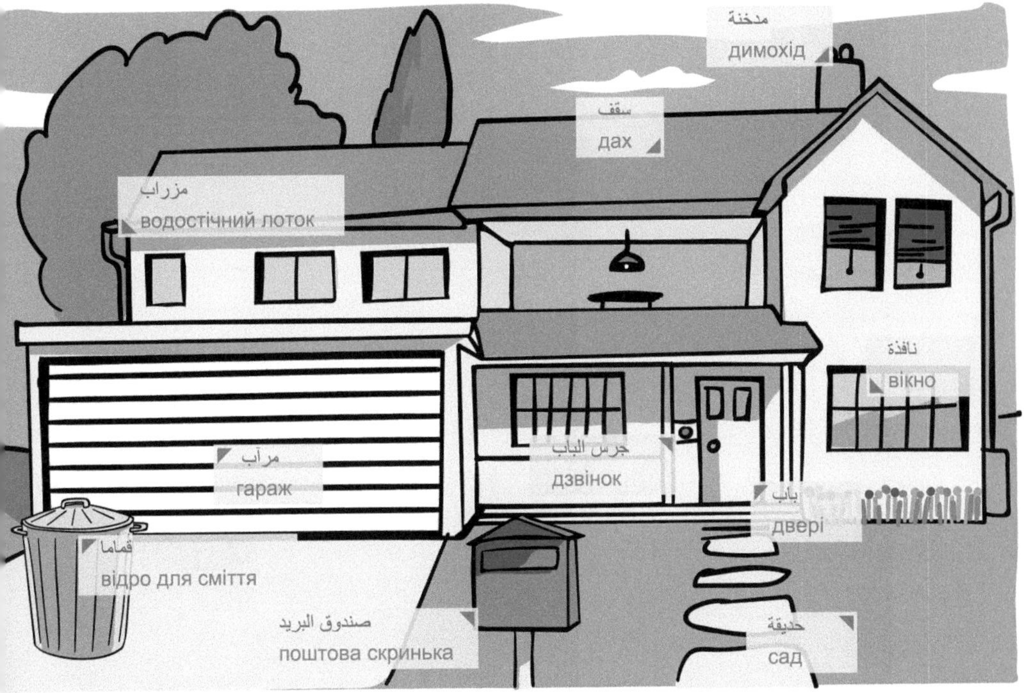

غرفة جلوس
вітальня

الحمّام
ванна кімната

مطبخ
кухня

غرفة النوم
спальня

غرفة الأطفال
дитяча кімната

غرفة الطعام
їдальня

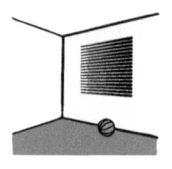

أرضية

підлога

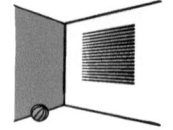

حائط

стіна

سقف

стеля

قبو

підвал

ساونا

сауна

بلكون

балкон

شُرفة

тераса

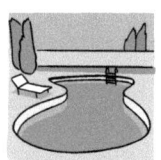

مسبح

басейн

جزّازة العُشب

косарка

بياضات السرير

простирало

بطانية

ковдра

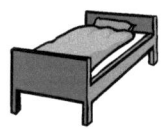

سرير

ліжко

مكنسة

мітла

سطل

відро

مفتاح كهربائي

перемикач

غرفة جلوس

вітальня

ورق جدران
шпалери
صورة
малюнок
مصباح كهربائي
лампа
رف
поличка
خزانة
шафа
تلفزيون
телевізор
موقد مفتوح
камін
زهرة
квітка
وسادة
подушка
كنبة
диван
مزهرية
ваза
تحكم عن بعد
пульт

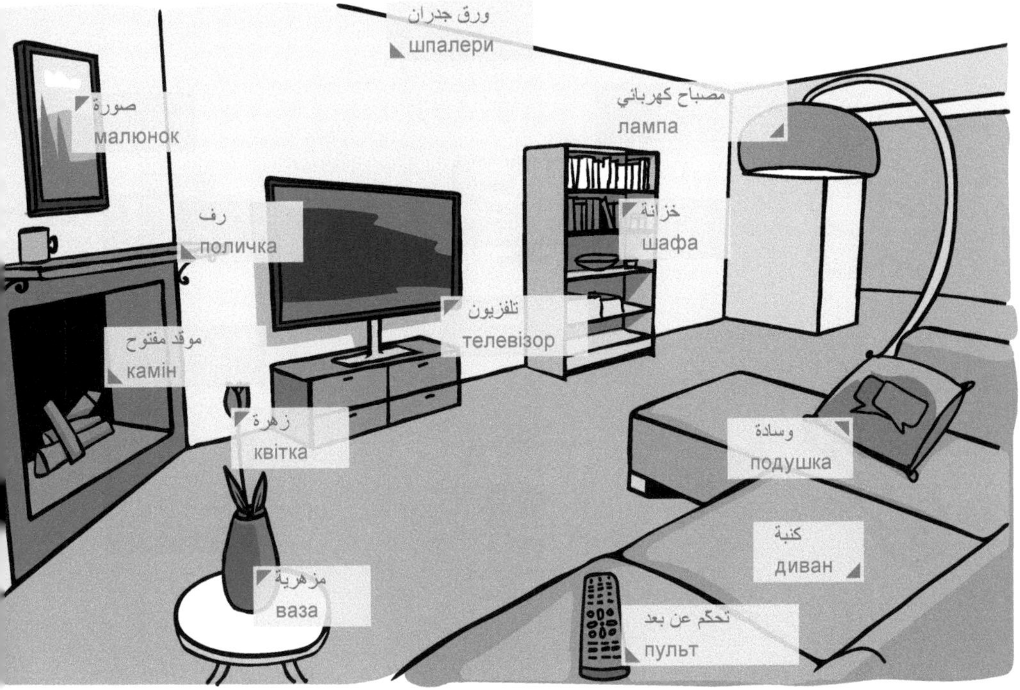

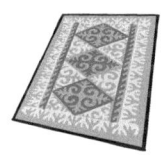

بصاط

килим

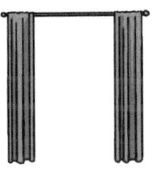

ستارة

завіса

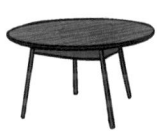

طاولة

стіл

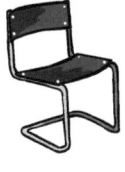

كرسي

стілець

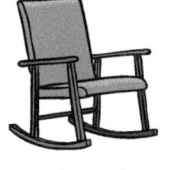

كرسي هزّاز

крісло-гойдалка

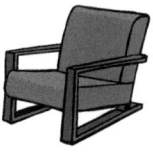

كرسي ذو ذراعين

крісло

الكتاب

книга

بطانية

ковдра

زخرفة

прикраса

الحطب

дрова

فيلم

фільм

تجهيزات ستيريو

стереосистема

مفتاح

ключ

جريدة

газета

لوحة مرسومة

картина

مُلصق

плакат

راديو

радіо

دفتر ملاحظات

блокнот

المكنسة الكهربائية

пилосос

صبار

кактус

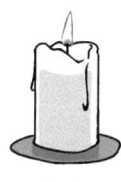

شمعة

свічка

مطبخ

кухня

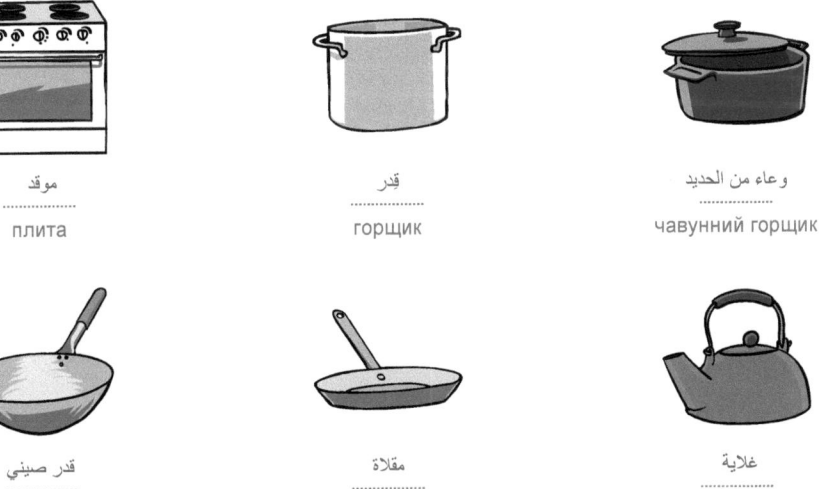

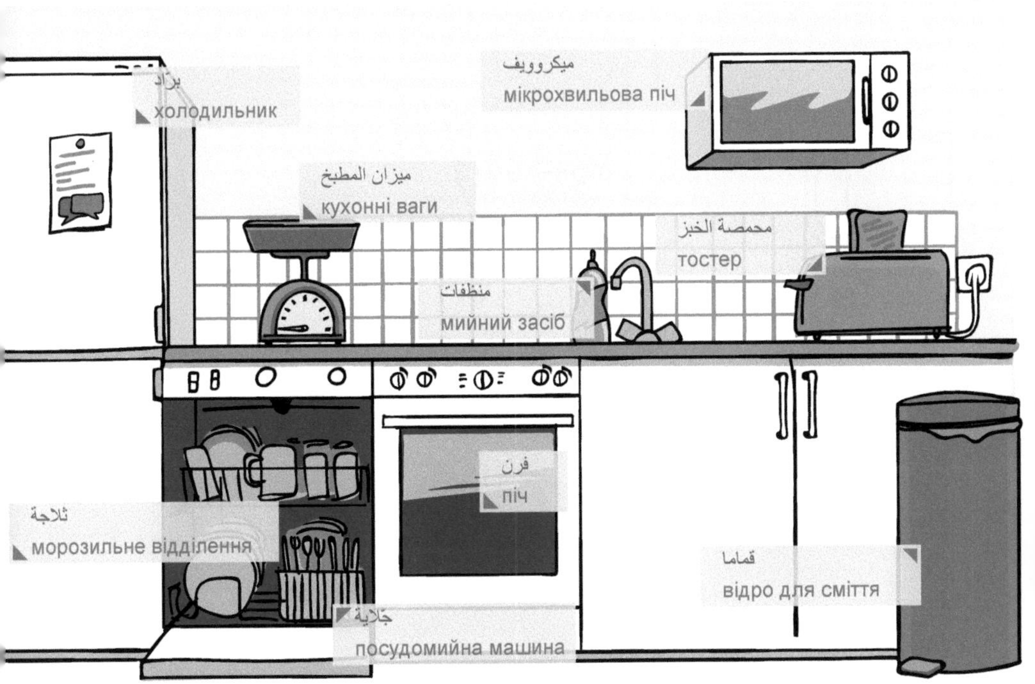

برّاد
холодильник
ميكروويف
мікрохвильова піч
ميزان المطبخ
кухонні ваги
محمصة الخبز
тостер
منظفات
мийний засіб
فرن
піч
ثلاجة
морозильне відділення
قمامة
відро для сміття
جلّاية
посудомийна машина

موقد

плита

قِدر

горщик

وعاء من الحديد

чавунний горщик

قدر صيني

вок / кадай

مقلاة

сковорода

غلاية

чайник

قدر البخار

пароварка

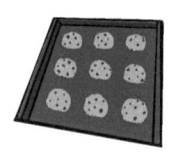

صينية

лист

أواني

посуд

فنجان

кухоль

صحن

чаша

عيدان الأكل

палички для їжі

مغرفة

черпак

ملعقة منبسطة

лопатка

خفاقة

вінчик для збивання

مصفاة

сито

مصفاة

сито

مبشرة

терка

هاون

ступка

شواء

барбекю

موقد

багаття

لوح التقطيع

дошка

نشّابة

качалка

مفتاح الزجاجات

штопор

علبة

конзерва

مفتاح العلب المعدنية

відкривачка

قماش الفرن

прихватки

مجلى

раковина

فرشاة

щітка

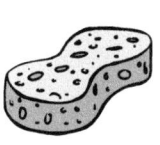

إسفنج

губка

خلاط

міксер

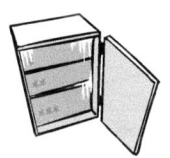

مجمّدة

морозильна камера

زجاجة الطفل

дитяча пляшка

صنبور الماء

кран

الحمّام

ванна кімната

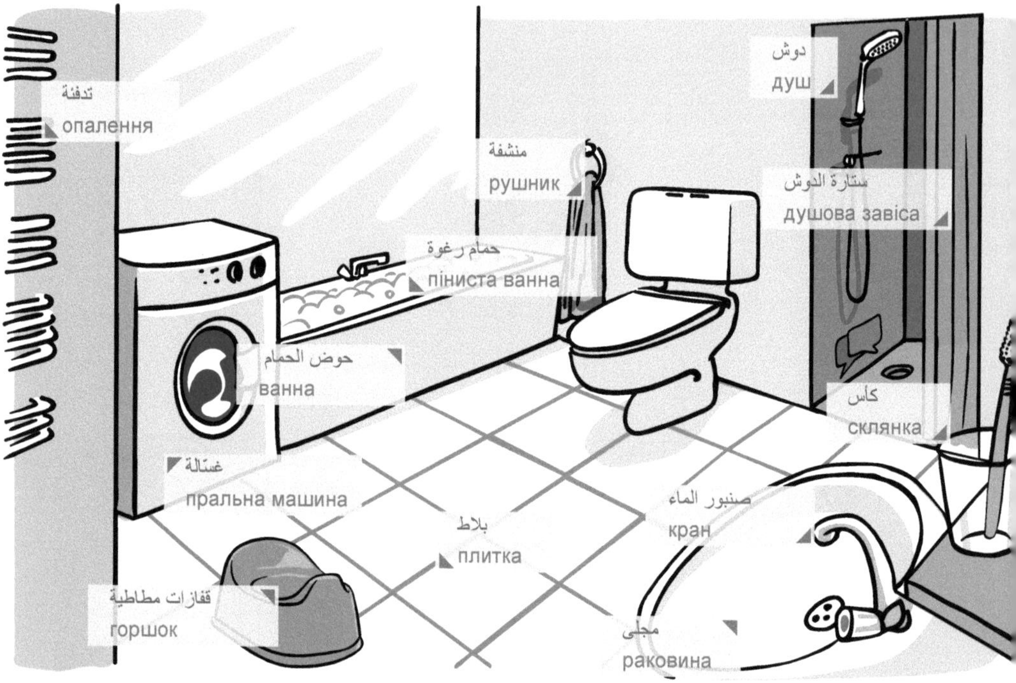

تدفئة
опалення

دوش
душ

منشفة
рушник

ستارة الدوش
душова завіса

حمّام رغوة
піниста ванна

حوض الحمّام
ванна

كأس
склянка

غسّالة
пральна машина

بلاط
плитка

صنبور الماء
кран

قفازات مطاطية
горшок

مجلى
раковина

حمام
туалет

مرحاض القرفصاء
підлоговий туалет

حوض التشطيف
біде

مبولة
пісуар

ورق المرحاض
туалетний папір

فرشاة الحمام
щітка для туалету

فرشاة الأسنان

зубна щітка

معجون الأسنان

зубна паста

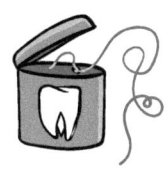

خيط حرير لتنظيف الأسنان

нитка для чищення зубів

يغسل

мити

رشاش ماء يدوي

ручний душ

شطاف

інтимний душ

حوض الغسيل

таз

فرشاة الظهر

щітка для спини

صابون

мило

جيل الدوش

гель для душу

شامبو

шампунь

ممسحة

мочалка

مصرف للماء

водостік

مرهم

крем

مزيل الروائح

дезодорант

مرآة

дзеркало

مرآة يد

косметичне дзеркало

موس حلاقة

бритва

رغوة الحلاقة

піна для гоління

كولونيا

лосьйон після гоління

مشط

гребінь

فرشاة

щітка

سشوار

фен

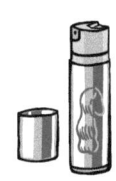

مثبت للشعر

лак для волосся

ماكياج

косметика

روج

губна помада

طلاء أظافر

лак для нігтів

قطن

вата

مقص أظافر

ножиці для нігтів

عطر

парфум

سلة الغسيل

косметичка

مقعد صغير

табурет

ميزان

ваги

معطف الحمام

халат

قفازات مطاطية

гумові рукавички

سدادة قطنية

тампон

منشفة صحية

гігієнічні прокладки

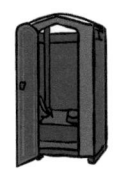

تواليت كيميائية

біотуалет

غرفة الأطفال
дитяча кімната

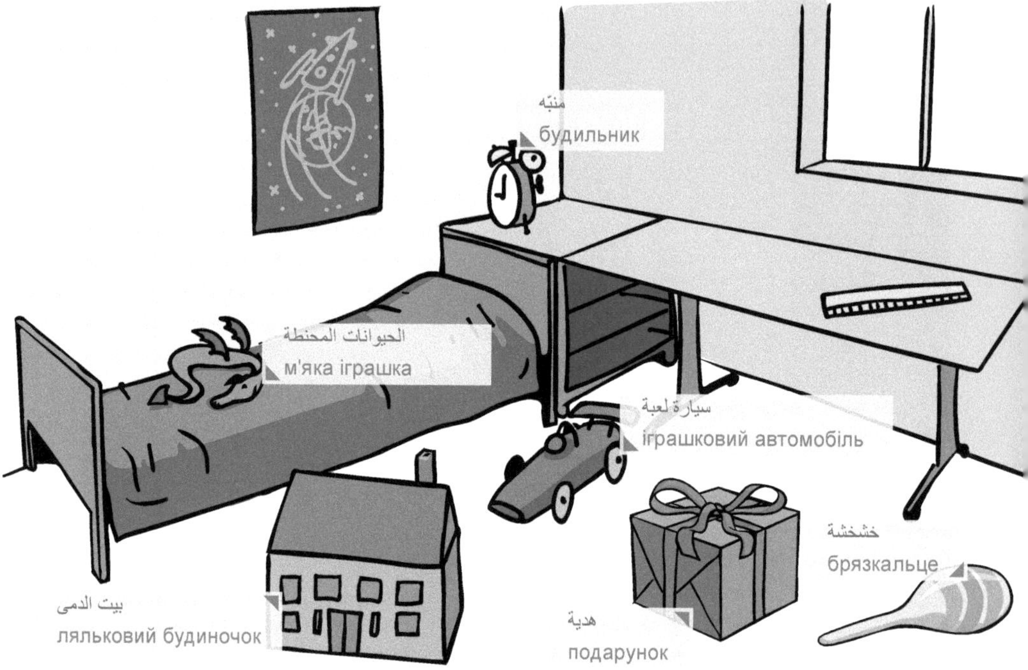

منبّه
будильник
الحيوانات المحنطة
м'яка іграшка
سيارة لعبة
іграшковий автомобіль
خشخشة
брязкальце
بيت الدمى
ляльковий будиночок
هدية
подарунок

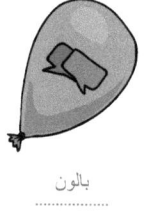

بالون

повітряна кулька

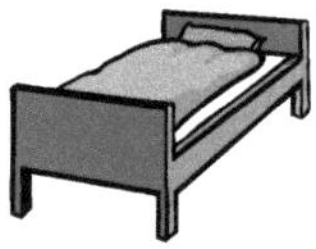

سرير

ліжко

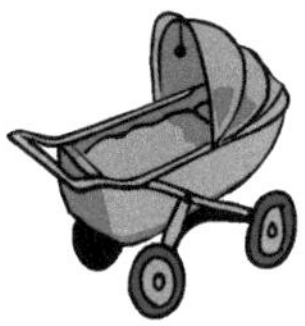

عربة الأطفال

дитячий візок

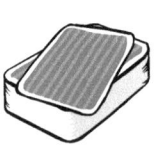

لعبة الورق

картярська гра

أحجية

пазл

SUPER MEGA

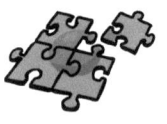

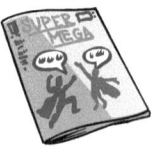

رسوم هزلية

комікс

أحجار الليغو

лего цеглинки

حجارة تركيب

блоки

دمية بطل

іграшкова фігурка

لباس الطفل

повзунки

فريسبي

фризбі

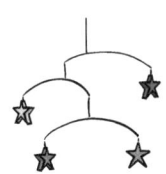

دمية معلّقة

мобіле

لعبة الطاولة

настільна гра

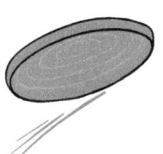

لعبة النرد

кубик

لعبة قطار

модель залізнична станція

مصّاصة

соска

حفلة

вечірка

كتاب مصوّر

книжка з картинками

كرة

м'яч

دمية

лялька

يلعب

грати

ملعب رملي للأطفال

пісочниця

أرجوحة

гойдалка

لعبة

іграшка

ألعاب فيديو

гральна консоль

دراجة ثلاثية

триколісний велосипед

دمية على شكل الدب

плюшевий мішка

خزانة الثياب

шафа

ثياب

ОДЯГ

جوارب قصيرة

шкарпетки

جوارب طويلة

панчохи

جورب بنطلون

колготки

شال
شارف

شمسية
парасоля

تي شيرت
футболка

حزام
ремінь

حذاء شتوي
чоботи

شبشب
домашнє взуття

أحذية رياضية
кросівки

صندل
....
сандалі

حذاء
....
взуття

جزمة كاوتشوك
....
гумові чоботи

سروال داخلي
....
труси

صدّارة
....
бюстгальтер

قميص داخلي
....
нижня сорочка

لباس ملاصق للجسم

боді

بنطلون

штани

جينز

джинси

تَنّورة

спідниця

بلّوزة

блузка

قميص

сорочка

سترة قطنية

пуловер

كنزة كم طويل

светр

سترة فضفاضة

піджак

سترة

куртка

معطف

пальто

معطف مطري

дощовик

زي - طقم نسائي

костюм

ثوب

сукня

ثوب الزفاف

весільна сукня

طقم

костюм

قميص نوم

нічна сорочка

بيجاما

піжама

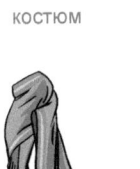

ساري

carі

حجاب

головна хустка

عمامة

чалма

برقع

бурка

قفطان

кафтан

عباءة

абая

مايوه

купальник

سروال سباحة

плавки

شرت

шорти

بدلة رياضية

тренувальний костюм

مئزر

фартух

قفازات

рукавички

زر

гудзик

نظّارة

окуляри

إسوارة

браслет

عقْد

ланцюг

خاتم

кільце

قرْط

сережка

طاقيّة

шапка

علاقة ثياب

плічка

قبّعة

капелюх

ربطة العنق

краватка

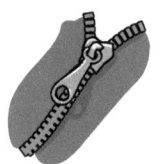

سحّاب

застібка-блискавка

خوذة

шолом

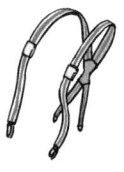

حمّالة البنطلون

підтяжки

اللباس المدرسي

шкільна форма

زي موحّد

уніформа

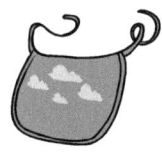

مريلة الأطفال

нагрудник

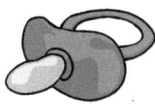

مصّاصة

соска

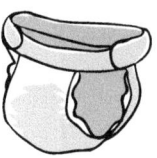

لفافة

підгузок

مكتب

офіс

المخدّم
сервер
خزانة الملقات
шаф для документів
طابعة
принтер
ورقة
папір
شاشة
монітор
فارة
миша
طاولة المكتب
письмовий стіл
ملف
папка
لوحة المفاتيح
синтезатор
قماما
кошик для паперу
حاسوب
комп'ютер
كرسي
стілець

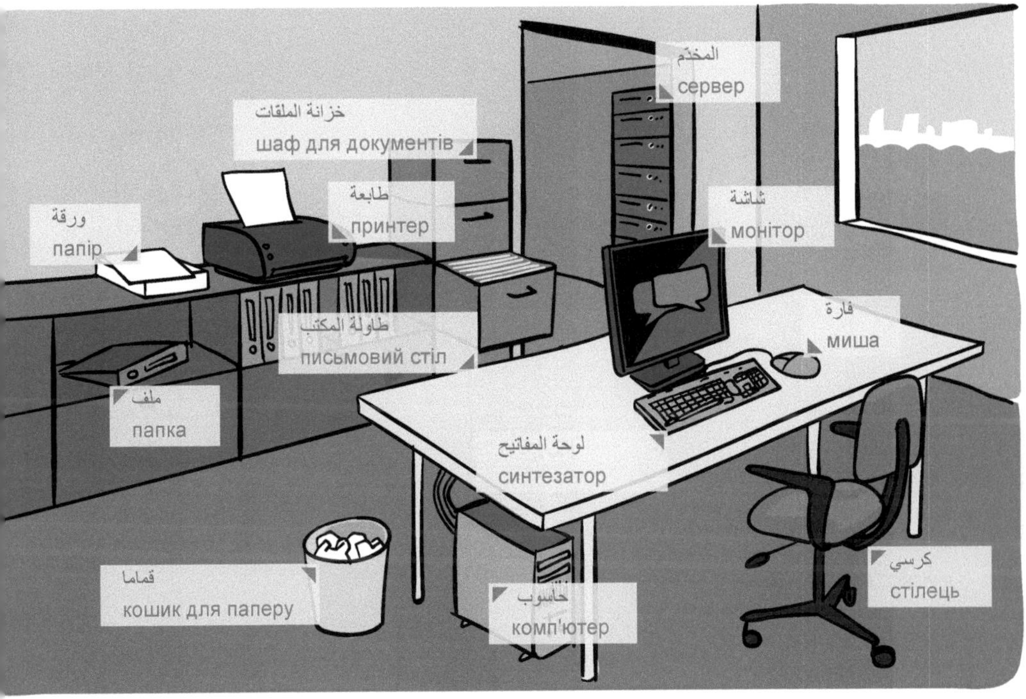

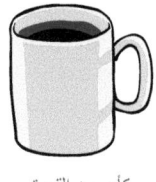

كأس من القهوة

кавовий кухоль

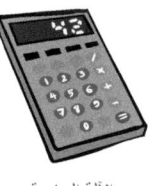

الآلة الحاسبة

калькулятор

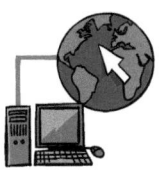

الإنترنت

інтернет

الحاسوب المحمول

ноутбук

رسالة

лист

خبر

повідомлення

الهاتف المحمول

мобільний телефон

شبكة

мережа

جهاز تصوير

копіювальний пристрій

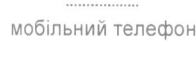

البرمجيات

програмне забезпечення

هاتف

телефон

مقبس كهربائي

розетка

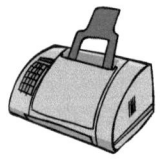

فاكس

факс

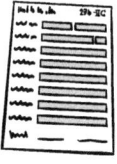

استمارة

бланк

وثيقة

документ

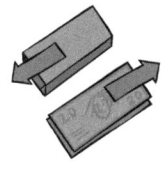

يشتري
....
купувати

يدفع
....
платити

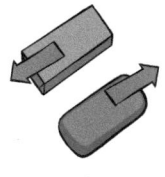

يتاجر
....
торгувати

مال
....
гроші

دولار
....
долар

يورو
....
євро

ين
....
ієна

روبل
....
рубль

فرنك سويسري
....
франк

يوان
....
юанів женьміньбі

روبية
....
рупія

صرّاف آلي
....
банкомат

مكتب صرافة

обмінний пункт

ذهب

золото

فضة

срібло

نفط

нафта

طاقة

енергія

سعر

ціна

عقد

контракт

ضريبة

податок

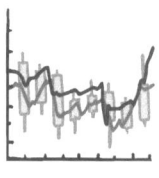

سهم

акція

يعمل

працювати

موظف

працівник

رب العمل

роботодавець

مصنع

фабрика

متجر

магазин

المِهَن

професії

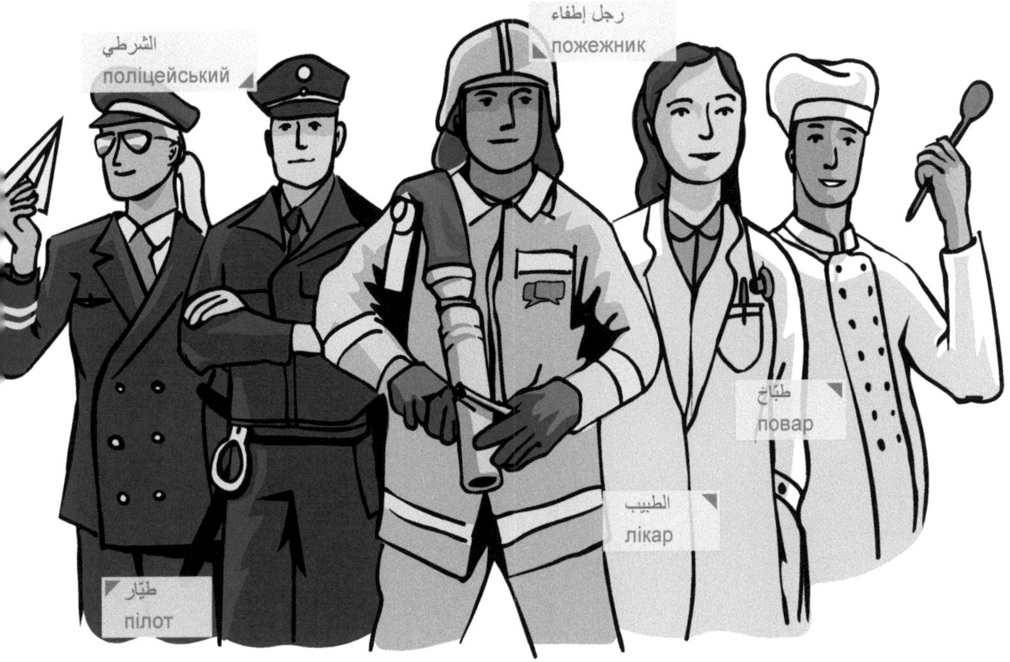
رجل إطفاء
пожежник
الشرطي
поліцейський
طبّاخ
повар
الطبيب
лікар
طيّار
пілот

بستاني

садівник

نجّار

столяр

خيّاطة

швачка

قاض

суддя

كيميائي

хімік

ممثل

актор

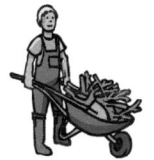

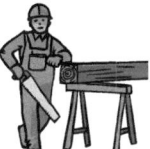

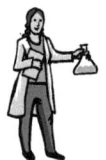

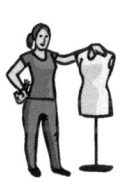

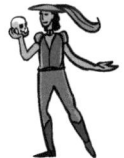

سائق حافلة

водій автобуса

سائق تاكسي

таксист

صياد سمك

рибалка

أجيرة للتنظيف

прибиральниця

بنّاء سقف

покрівельник

نادل

офіціант

صيّاد

мисливець

رسّام

художник

خبّاز

пекар

كهرباني

електрик

عامل بناء

будівельник

مهندس

інженер

لحّام

забійник

سمكري

бляхар

ساعي البريد

листоноша

جندي
....
солдат

مهندس معماري
....
архітектор

أمين صندوق
....
касир

بائع الزهور
....
флорист

حلاق
....
перукар

مراقب القطار
....
кондуктор

ميكانيكي
....
механік

قبطان
....
капітан

طبيب أسنان
....
дантист

رجل العلم
....
вчений

حاخام
....
рабин

إمام
....
імам

راهب
....
монах

كاهن
....
пастор

عدة عمل
інструменти

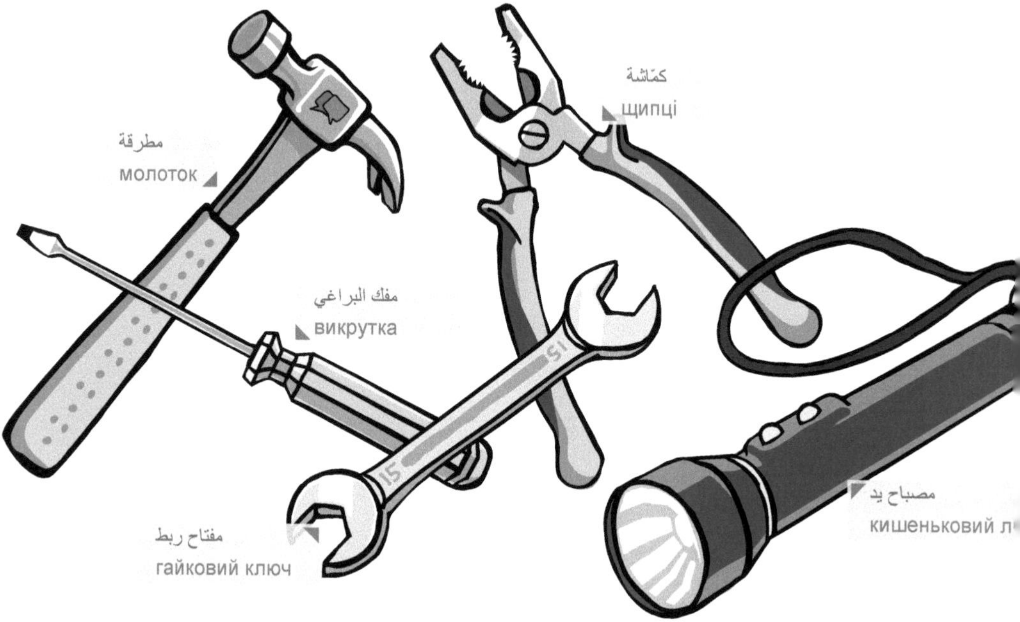

مطرقة
молоток
كمّاشة
щипці
مفك البراغي
викрутка
مفتاح ربط
гайковий ключ
مصباح يد
кишеньковий л

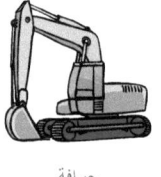

جرافة

екскаватор

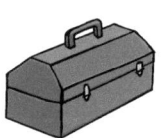

صندوق العدة

ящик для інструментів

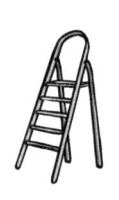

سلّم

драбина

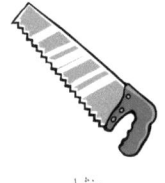

منشار

пилка

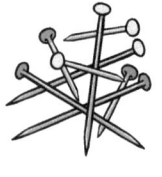

مسامير

цвяхи

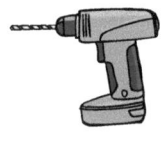

مثقب

свердло

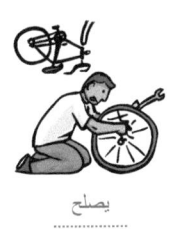

يصلح

ремонтувати

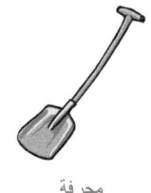

مجرفة

лопата

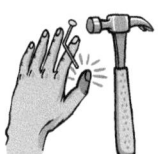

اللعنة

лайно!

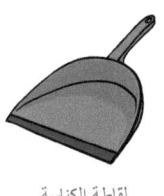

لقاطة الكناسة

совок

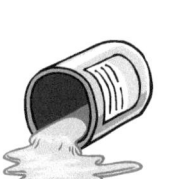

سطل الألوان

відро з фарбою

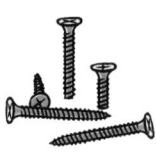

براغي

гвинти

آلات موسيقية

музичні інструменти

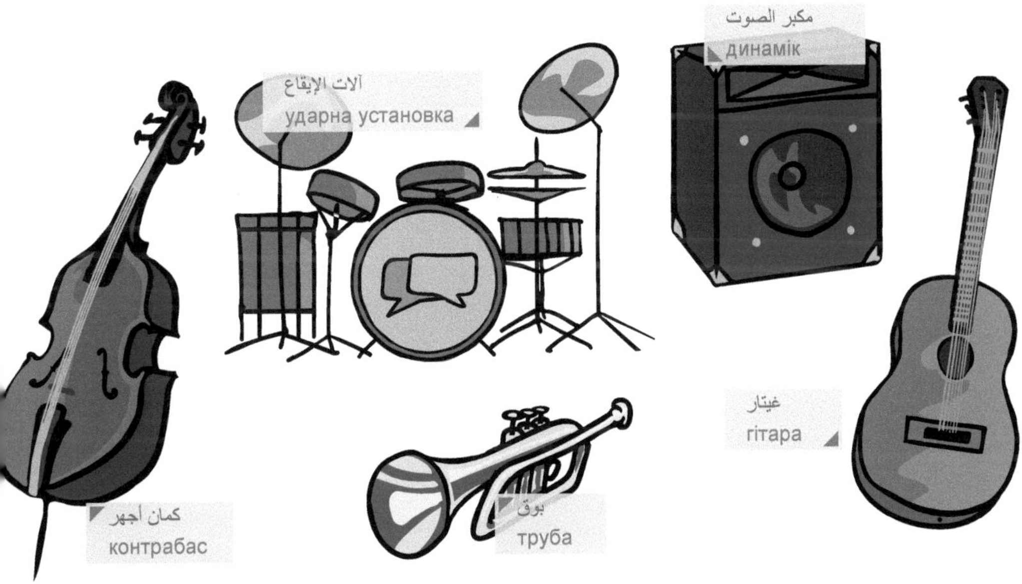
مكبر الصوت
динамік
آلات الإيقاع
ударна установка
غيتار
гітара
كمان أجهر
контрабас
بوق
труба

بيانو

фортепіано

كمنجة

скрипка

جهير

бас

طبل كبير

литаври

طبل

барабан

بيانو كهرباني

клавіатура

ساكسوفون

саксофон

ناي

флейта

ميكروفون

мікрофон

حديقة حيوانات

зоопарк

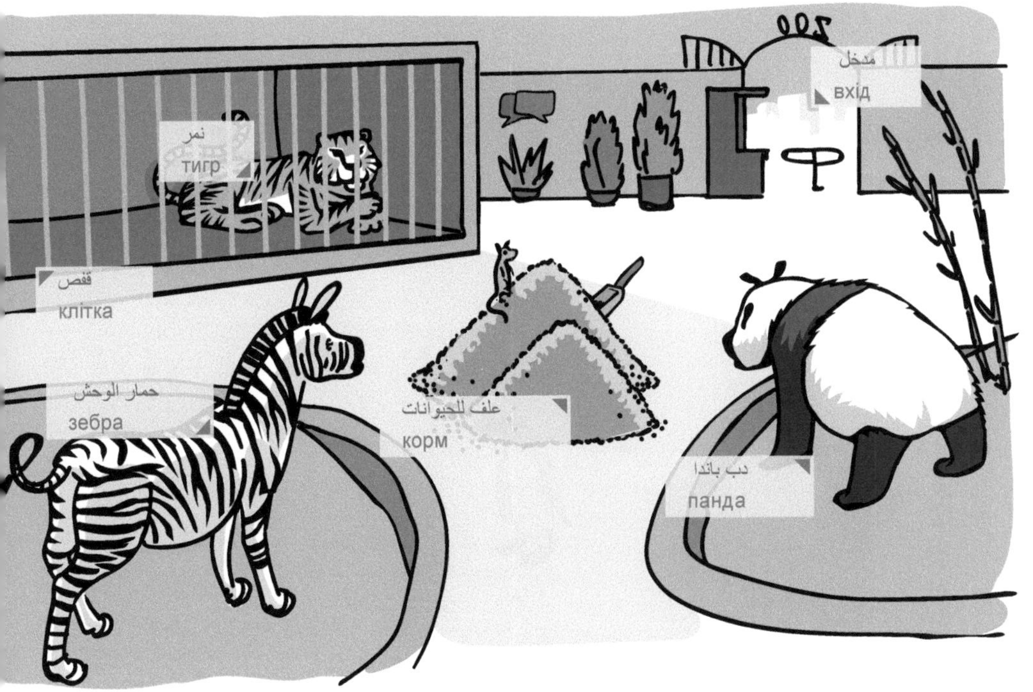

مدخل
вхід
نمر
тигр
قفص
клітка
حمار الوحش
зебра
علف للحيوانات
корм
دب باندا
панда

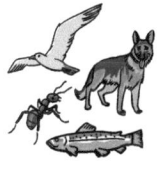

حيوانات

тварини

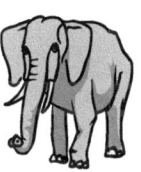

فيل

слон

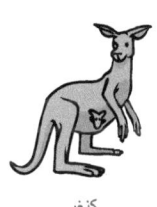

كنغر

кенгуру

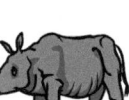

وحيد القرن

носоріг

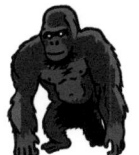

غوريلا

горила

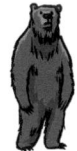

دب

ведмідь

جمل

верблюд

نعامة

страус

أسد

лев

قرد

мавпа

طائر فلامينغو

фламінго

ببغاء

папуга

دب قطبي

білий ведмідь

بطريق

пінгвін

سمك القرش

акула

طاووس

павич

أفعى

змія

تمساح

крокодил

حارس في حديقة الحيوان

працівник зоопарку

عجل البحر

тюлень

نمر أمريكي مرقط

ягуар

فرس قزم

поні

نمر

леопард

فرس النهر

гіпопотам

زرافة

жираф

نسر

орел

خنزير برّي

кабан

سمك

риба

سلحفاة

черепаха

حيوان فظ البحري

морж

ثعلب

лисиця

غزال

газель

كرة القدم الأمريكية
американський футбол

ركوب الدراجات
їзда на велосипеді

كرة التنس
теніс

كرة السلة
баскетбол

السباحة
плавання

هوكي الجليد
хокей

الملاكمة
бокс

كرة القدم
футбол

الريشة الطائرة
бадмінтон

ألعاب القوى الخفيفة
легка атлетика

كرة اليد
гандбол

التزلج على الثلج
лижні перегони

بولو
поло

يضحك / сміятися
يقفز / стрибати
يعانق / обіймати
يمشي / йти
يغني / співати
يحلم / мріяти
يصلي / молитися
يقبل / цілувати

يَكتب / писати

يرسم / малювати

يُري / показувати

يدفع / тиснути

يعطي / давати

يأخذ / брати

يملك

مати

يعمل

робити

يوجد

бути

يقف

стояти

يركض

бігати

يسحب

тягнути

يرمي

кидати

يقع

падати

يستلقي

лежати

ينتظر

очікувати

يحمل

носити

يجلس

сидіти

يلبس

одягати

ينام

спати

يستيقظ

просипатися

ينظر إلى ..

دивитися

يبكي

плакати

يمسّد

гладити

يمشّط

розчісувати

يتكلم

розмовляти

يفهم

розуміти

يسأل

питати

يسمع

слухати

يشرب

пити

يأكل

їсти

يرتّب

прибирати

يحب

любити

يطبخ

варити

يقود

їхати

يطير

літати

يبحر بزورق شراعي

йти під вітрилом

يحسب

рахувати

يقرأ

читати

يتعلم

вчитися

يعمل

працювати

يتزوج

одружуватися

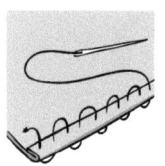

يخيط

шити

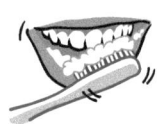

ينظف أسنانه

чистити зуби

يقتل

убивати

يدخّن

курити

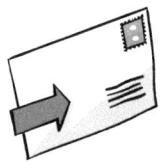

يرسل

посилати

عائلة

сім'я

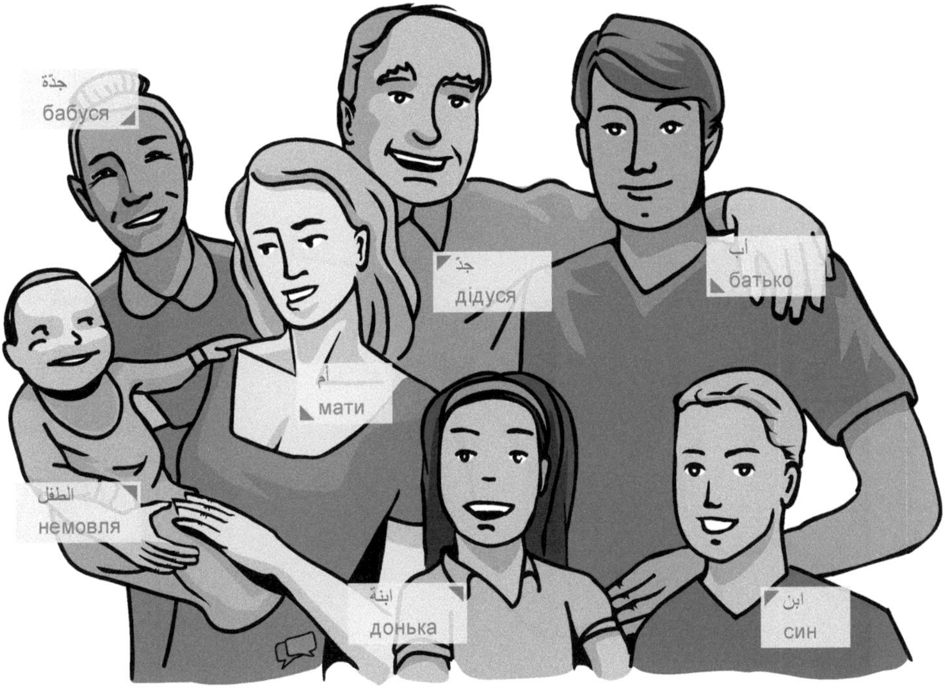

جدّة
бабуся
جدّ
дідуся
أب
батько
أم
мати
الطفل
немовля
ابنة
донька
ابن
син

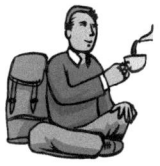

ضيف

....

гість

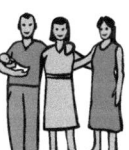

عمّة / خالة

....

тітка

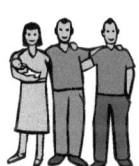

عمّ / خال

....

дядько

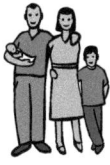

أخ

....

брат

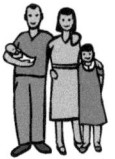

أخت

....

сестра

الجسم

тіло

الجبين
чоло
العين
око
الكتف
плече
الإصبع
палець
الوجه
обличчя
الذقن
підборіддя
اليد
кисть
الصدر
груди
الساق
нога
الذراع
рука

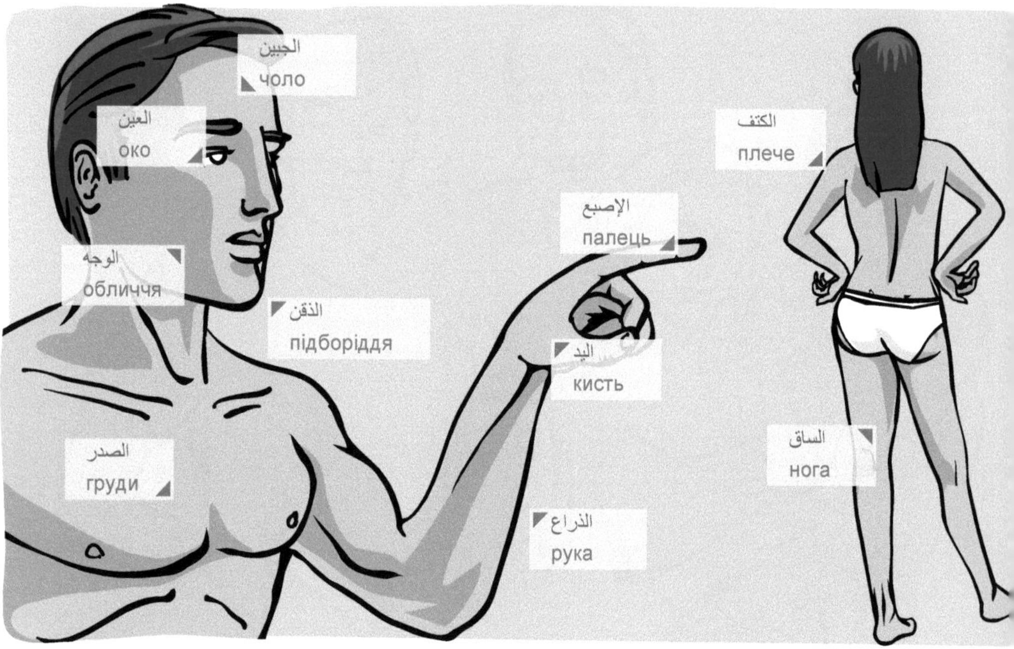

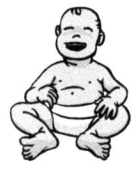

الطفل

немовля

الرجل

чоловік

المرأة

жінка

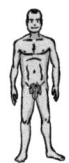

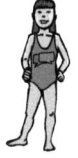

البنت

дівчина

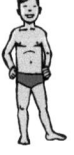

الولد

хлопчик

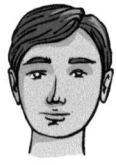

الرأس

голова

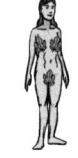

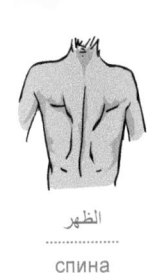

الظهر

спина

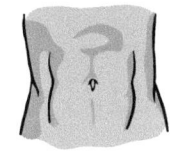

البطن

живіт

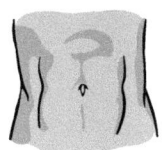

السرّة

пуп

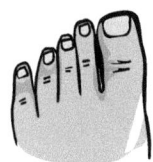

إصبع القدم

палець ноги

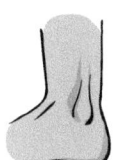

الكعب

п'ята

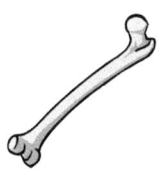

العظم

кістка

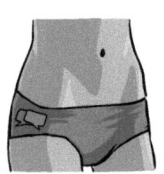

الورك

стегно

الركبة

коліно

المرفق

лікоть

الأنف

ніс

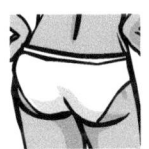

العَجُز

сідниці

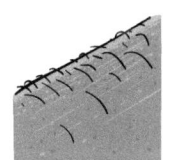

البَشرة

шкіра

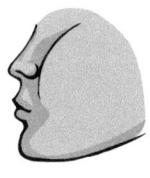

الخد

щока

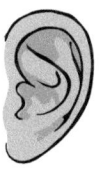

الأذن

вухо

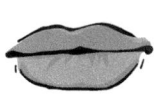

الشفة

губа

الفم

рот

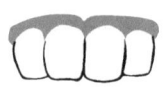

السن

зуб

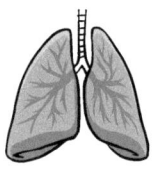

اللسان

язик

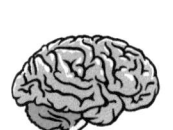

الدماغ

мозок

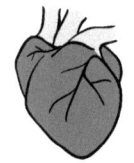

القلب

серце

العضلة

м'яз

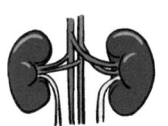

الرئة

легені

الكبد

печінка

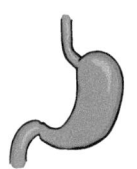

المعدة

шлунок

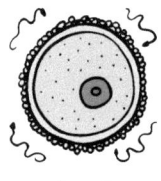

الكلى

нирки

الاتصال الجنسي

статевий акт

الواقي المطاطي

презерватив

البويضة

яйцеклітина

المنيّ

сперма

الحمل

вагітність

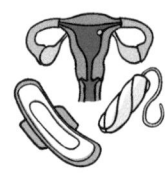

الحيض
....
менструація

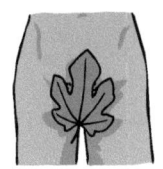

المهبل
....
вагіна

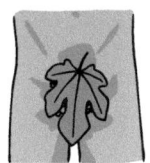

القضيب
....
пеніс

الحاجب
....
брова

الشعر
....
волосся

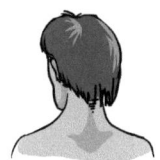

الرقبة
....
шия

المستشفى
лікарня

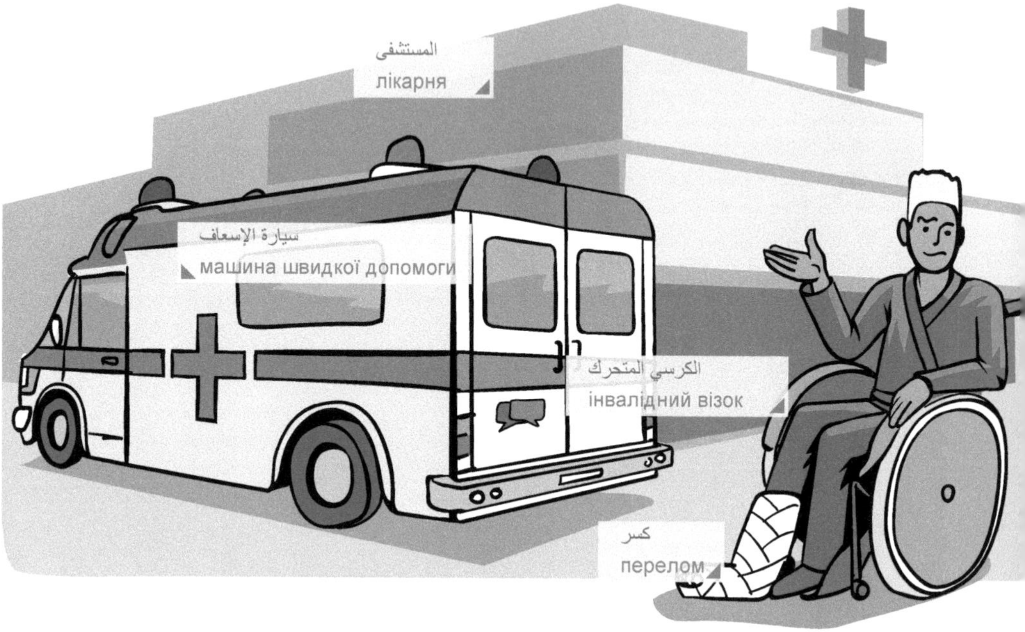

المستشفى
лікарня
سيارة الإسعاف
машина швидкої допомоги
الكرسي المتحرك
інвалідний візок
كسر
перелом

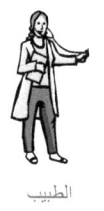

الطبيب
лікар

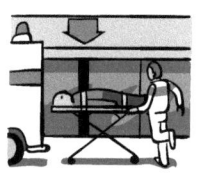

غرفة الإسعاف
відділення швидкої медичної допомоги

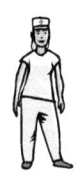

الممرضة
медсестра

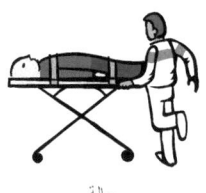

حالة
аварійний випадок

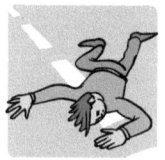

مغمى عليه
непритомний

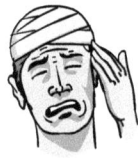

الألم
біль

إصابة

травма

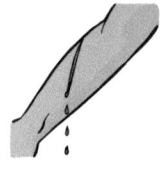

النزيف

кровотеча

احتشاء القلب

інфаркт

جلطة

інсульт

حسسية

алергія

السعال

кашель

الحُمّى

лихоманка

إنفلونزا

грип

الإسهال

пронос

وجع الرأس

головна біль

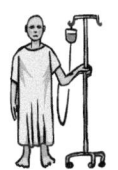

السرطان

рак

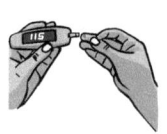

مرض السكر

діабет

جرّاح

хірург

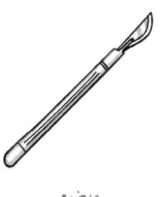

مبضع

скальпель

عملية

операція

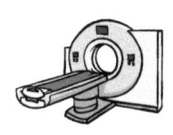

سيتي سكان

КТ

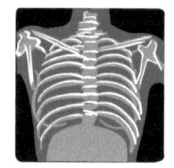

الأشعة السينية

рентген

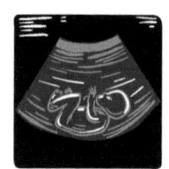

فوق الصوتي

ультразвук

القناع

маска

المرض

хвороба

غرفة الانتظار

зал очікування

العُكّاز

милиця

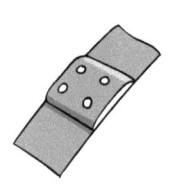

شريط لاصق

пластир

ضماد

пов'язка

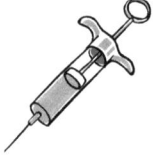

حقنة

ін'єкція

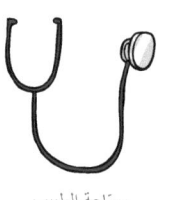

سمّاعة الطبيب

стетоскоп

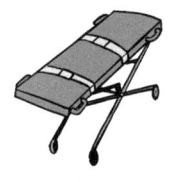

نقالة

ноші

ميزان حرارة

термометр

ولادة

народження

وزن زائد

надмірна вага

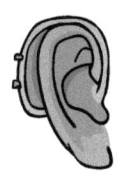

جهاز السمع
слуховий апарат

المواد المعقمة
дезінфікуючий засіб

عدوى
інфекція

فيروس
вірус

الإيدز
ВІЛ / СНІД

الطب
медицина

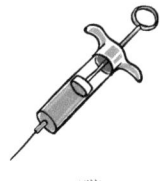

اللقاح
вакцинація

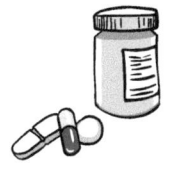

أقراص الدواء
таблетки

حبّة الدواء
протизаплідна пігулка

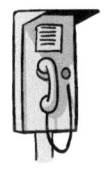

نداء النجدة
екстрений виклик

مقياس ضغط الدم
тонометр

مريض / صحيح
хворий / здоровий

النجدة!

Допоможіть!

اعتداء

напад

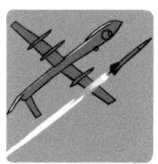

هجوم

атака

خطر

небезпека

مخرج طوارئ

аварійний вихід

حريق!

Вогонь!

جهاز الإطفاء

вогнегасник

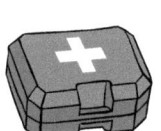

إنذار

сигнал тривоги

حادث

аварія

حقيبة الإسعاف الأولي

аптечка

أنقذونا

СОС

الشرطة

поліція

أوروبا

Європа

أمريكا الشمالية

Північна Америка

أمريكا الجنوبية

Південна Америка

أفريقيا

Африка

آسيا

Азія

أستراليا

Австралія

المحيط الأطلسي

Атлантика

المحيط الهادي

Тихий океан

المحيط الهندي

Індійський океан

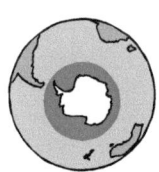

المحيط المتجمد الجنوبي

Антарктичний океан

المحيط المتجمد الشمالي

Північний Льодовитий океан

القطب الشمالي

Північний полюс

القطب الجنوبي

Південний полюс

منطقة القطب الجنوبي

Антарктика

أرض

Земля

بر

суша

بحر

море

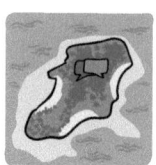

جزيرة

острів

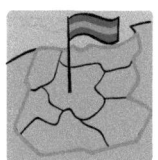

أمة

нація

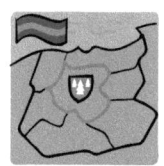

دولة

держава

ميناء الساعة

циферблат

عقرب الساعات

годинникова стрілка

عقرب الدقائق

хвилинна стрілка

عقرب الثواني

секундна стрілка

كم الساعة الآن؟

Котра година?

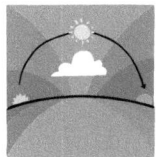

يوم

день

زمن

час

الآن

зараз

ساعة رقمية

цифровий годинник

دقيقة

хвилина

ساعة

година

الإثنين
Понеділок

الأربعاء
Середа

الجمعة
П'ятниця

الثلاثاء
Вівторок

السبت
Субота

الخميس
Четвер

الأحد
Неділя

الأمس
вчора

اليوم
сьогодні

غداً
завтра

الصباح
ранок

الظهر
опівдні

المساء
вечір

أيام العمل
робочі дні

نهاية الأسبوع
кінець робочого тижня

سنة

рік

مطر
дощ
قوس قزح
веселка
ريح
вітер
ثلج
сніг
الربيع
весна
الصيف
літо
الخريف
осінь
الشتاء
зима

4.APRIL 11°
5.APRIL 4°
6.APRIL 13°
7.APRIL 8°
8.APRIL 10°

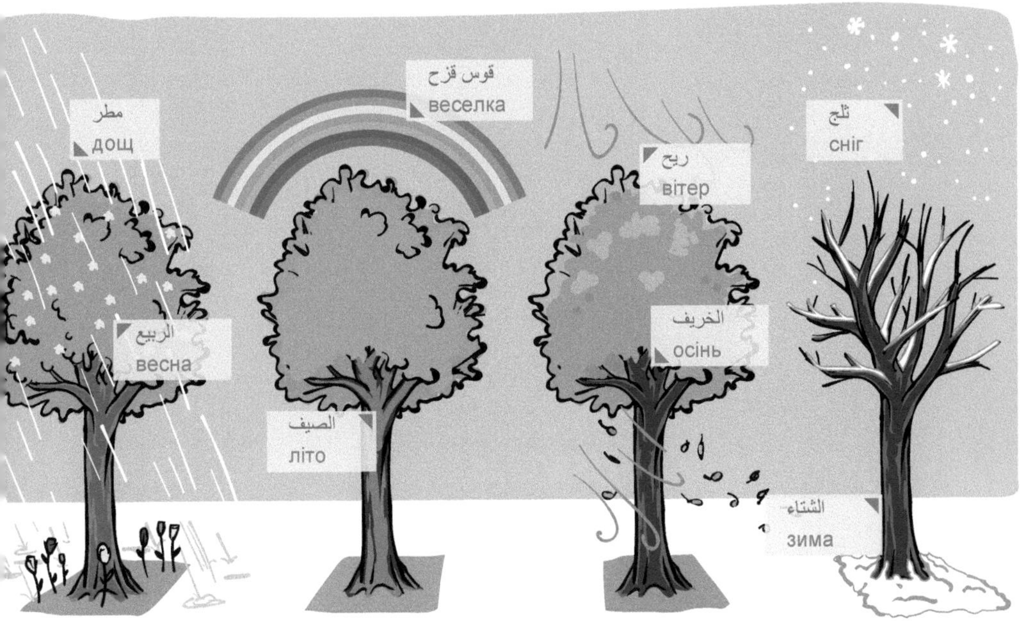

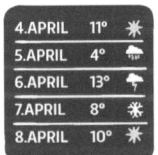

التنبّؤ بالحالة الجوية

....

прогноз погоди

F C
120 40
90 30
60 20
30 10
0 0
-30 -10
-20

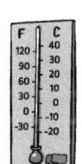

مقياس حرارة

....

термометр

ضوء الشمس

....

сонячне світло

سحابة

....

хмара

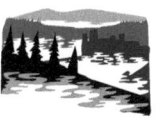

ضباب

....

туман

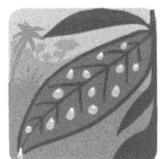

رطوبة الجو

....

вологість повітря

برق

блискавка

رعد

грім

عاصفة

шторм

بَرَد

град

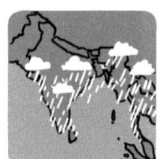

ريح موسمية

мусон

طوفان

повінь

جليد

лід

كانون الثاني / يناير

Січень

شباط / فبراير

Лютий

آذار / مارس

Березень

نيسان / أبريل

Квітень

أيار / مايو

Травень

حزيران / يونيو

Червень

تموز / يوليو

Липень

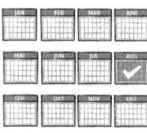

آب / أغسطس

Серпень

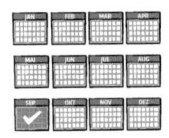

أيلول / سبتمبر
....
Вересень

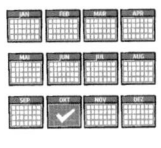

تشرين الأول / أكتوبر
....
Жовтень

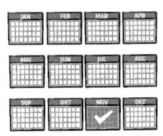

تشرين الثاني / نوفمبر
....
Листопад

كانون الأول / ديسمبر
....
Грудень

أشكال

форми

دائرة
....
круг

مربّع
....
квадрат

مستطيل
....
прямокутник

مثلّث
....
трикутник

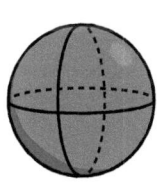

كرة
....
куля

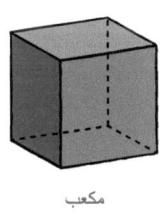

مكعب
....
куб

أبيض

білий

أصفر

жовтий

برتقالي

помаранчевий

وردي

рожевий

أحمر

червоний

بنفسجي

фіолетовий

أزرق

синій

أخضر

зелений

بنّي

коричневий

رمادي

сірий

أسود

чорний

كثير / قليل

багато / мало

غضبان / هادئ

лютий / мирний

جميل / قبيح

гарний / бридкий

بداية / نهاية

початок / кінець

كبير / صغير

великий / малий

فاتح / قاتم

світлий / темний

أخ / أخت

брат / сестра

نظيف / وسخ

чистий / брудний

كامل / ناقص

завершений /
незавершений

نهار / ليل

день / ніч

ميت / حيّ

мертвий / живий

عريض / ضيّق

широкий / вузький

صالح للأكل / غير صالح

їстівний / неїстівний

شرِّير / لطيف

злий / дружній

مثير / ممل

збуджений / нудьгуючий

سمين / نحيف

товстий / тонкий

أوّلا / أخيرًا

спочатку / востаннє

صديق / عدو

друг / ворог

مليء / فارغ

повний / порожній

صلب / ليّن

жорсткий / м'який

ثقيل / خفيف

важкий / легкий

جوع / عطش

голод / спрага

مريض / صحيح

хворий / здоровий

غير شرعي / شرعي

незаконний / законний

ذكي / غبي

розумний / дурний

يسار / يمين

вліво / вправо

قريب / بعيد

поруч / далеко

جديد / مستعمل

новий / використаний

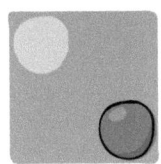

لا شيء / بعض الشيء

нічого / щось

مسن / شاب

старий / молодий

يشعل / يطفئ

вкл / викл

مفتوح / مغلق

відкрито / закрито

خافت / عال

тихо / гучно

غني / فقير

багатий / бідний

صح / خطأ

правильно / неправильно

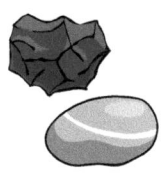

أحرش / املس

шорсткий / гладкий

حزين / سعيد

сумний / щасливий

قصير / طويل

короткий / довгий

بطيء / سريع

повільно / швидко

مبلول / جاف

вологий / сухий

ساخن / بارد

гарячий / холодний

حرب / سلم

війна / мир

0

صفر

нуль

1

واحد

один

2

اثنان

два

3

ثلاثة

три

4

أربعة

чотири

5

خمسة

п'ять

6

ستة

шість

7

سبعة

сім

8

ثمانية

вісім

9

تسعة

дев'ять

10

عشرة

десять

11

أحد عشر

одинадцять

12
اثنا عشر
....
дванадцять

13
ثلاثة عشر
....
тринадцять

14
أربعة عشر
....
чотирнадцять

15
خمسة عشر
....
п'ятнадцять

16
ستة عشر
....
шістнадцять

17
سبعة عشر
....
сімнадцять

18
ثمانية عشر
....
вісімнадцять

19
تسعة عشر
....
дев'ятнадцять

20
عشرون
....
двадцять

100
مائة
....
сто

1.000
ألف
....
тисяча

1.000.000
مليون
....
мільйон

الإنكليزية

англійська

الإنكليزية الأمريكية

американська англійська

لغة ماندارين الصينية

китайська
високочиновницька

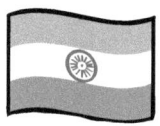

الهندية

хінді

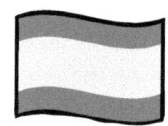

الإسبانية

іспанська

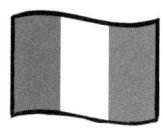

الفرنسية

французька

العربية

арабська

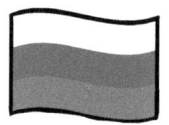

الروسية

російська

البرتغالية

португальська

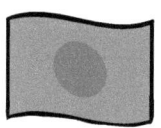

البنغالية

бенгальська

الألمانية

німецька

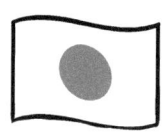

اليابانية

японська

أنا

я

أنت

ти

هو / هي

він / вона / воно

نحن

ми

أنتّم

ви

هم

вони

من؟

хто?

ماذا؟

що?

كيف؟

як?

أين؟

де?

متى؟

коли?

اسم

ім'я

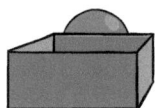

خلف

ззаду

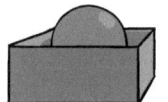

في

в

أمام

перед

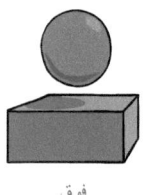

فوق

над

على

на

تحت

під

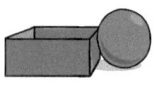

جنب

біля

بين

між

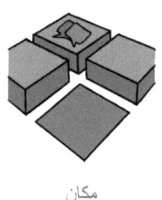

مكان

місце